Naiem Ahmadinejadfarsangi

Ville d'amour

Naiem Ahmadinejadfarsangi

Ville d'amour

Le livre sélectionné de la fête des saints hommes

Éditions Muse

Imprint

Cover image: www.ingimage.com

Publisher:
Éditions Muse
is a trademark of
Dodo Books Indian Ocean Ltd. and OmniScriptum S.R.L publishing group

120 High Road, East Finchley, London, N2 9ED, United Kingdom
Str. Armeneasca 28/1, office 1, Chisinau MD-2012, Republic of Moldova, Europe
Printed at: see last page
ISBN: 978-620-4-96459-1

ville d'amour

Naiem Ahmadinejadfarsangi

Table of Contents

D'abord 3
Deuxième 5
Troisième........ 7
Quatrième 11
le cinquième 12
le sixième........ 16
Le septième 18
Huitième........ 20
neuvième........ 21
le dixième 24
Onzième 27
douzième........ 28
le treizième........ 30
le quatorzième 32
quinzième........ 34
le seizième........ 36
dix-septième 38
le dix-huitième 40
XIXe 42
Reference 44

D'abord

Je t'écrirai un nouveau poème ce soir

Pour toi mon tendre amour

La déesse de mes nuits

Les émotions montent en moi comme de la lave volcanique

Comme une feuille morte soulevée par le vent

T'aimer était un secret que je gardais à l'intérieur

Je n'ai pas écrit de poème ni de chanson

J'ai juste souffert, sans pleurer ni douleur

Maintenant j'essaie d'écrire ton nom dans le noir

J'essaie d'écrire je t'aime

Et j'essaie d'écrire tout ça dans le noir

Je veux que personne ne sache

Voici mes mots qui t'attendent

Pour écrire et se saouler

Ils savent se prononcer par leur nom

Une chanson que j'aime porter entre mes lèvres

Je crie ton nom à travers le silence de la nuit

Mon cœur muet le crie

dis-je inlassablement

Je t'aime

Et je suis sûr que le matin viendra bientôt.

Deuxième

J'étais perdu dans les ruelles solitaires de mon cœur

Je ne savais pas qu'un jour je verrais l'amour

Je ne savais pas que l'amour existait

Je ne croyais pas aux histoires sans fin

Et je n'aimais pas les romans pleins de bonheur

Je pensais qu'il n'y avait pas d'amour pour moi

Je pensais que l'amour n'était qu'un spectacle au théâtre

Cependant, quand j'ai croisé ton chemin

J'ai senti mon cœur battre

Comme un rayon de soleil aux premiers jours du printemps

En te voyant, le bonheur est né de mon passé vide de sens

Tu as rendu mon cœur d'hiver chaud et vert

Tu m'as regardé avec ton regard fragile

Je t'ai regardé avec mon âme

Et notre histoire a commencé

oh comme c'est doux

Cet amour que je ressens pour toi

Tu es un ange qui a illuminé ma vie

Tu es ma gloire, ma force et ma joie

Et le seul vrai amour de ma vie

Je serai inspiré par le vent côtier de cette grande brise, un océan pour t'aimer.

Troisième

Je t'aime est une courte phrase que beaucoup prononcent sans amour

Mais je veux prouver à quel point je t'aime

Je trouverai les mots et avec ces mots je chanterai que mon coeur est plein d'amour pour toi

Je suis assis à nouveau avec un stylo à la main et un papier devant moi

Je choisis les mots pour écrire

Je ne veux rien garder en moi

Je veux dire ce qu'il y a en moi

Je suis plein d'amour et vide de mots

Et je t'aime à cause de l'amour

Je t'aime jusqu'au dernier souffle

Je t'aime dans le bruissement des feuilles d'automne

Je t'aime les nuits quand je suis plongé dans la poésie

Je t'aime au printemps éternel

sous le doux ciel

Dans la blancheur des jasmins sauvages

Dans la douceur des roses

je t'aime dans le chant des oiseaux

A l'ombre fragile des branches de saule

au soleil brûlant

Sur l'herbe couverte de rosée du matin

Je t'aime nuit et jour

Dans la paix et la tempête

Sous les étoiles éveillées

Dans les brumes du soir

Et la rosée du matin

Je t'aime

Tant que les oiseaux chantent

Et les poissons peuvent nager

Tant que le vent souffle

Et les vagues des océans rugissent

Tant que les étoiles brillent

Et le soleil brille

Tu as asservi mon coeur

Longtemps j'ai cherché des mots pour dire je t'aime

Tu es ma joie, mon trésor, ma vie et bien d'autres mots pour te dire combien je t'aime

Mais ils ne peuvent pas vraiment exprimer ce que je ressens pour toi.

oui mon amour

C'est ce que je voulais que tu saches

Il y a des centaines de mots dans mon cœur pour dire je t'aime et ils sont tous vrais.

Quatrième

Si j'étais une illusion, je serais un arc-en-ciel

Je saupoudrerais de peinture ton coeur pour que cette rose symbolise l'amour éternel

Si j'étais une saison, je serais le printemps

Je laisserais le jus du bonheur couler dans tes veines pour faire fleurir ton âme

Je serais une larme coulant sur tes joues

Mais je suis juste moi

Et je ne peux que te donner mon amour

Je viens de te regarder et de dire je t'aime.

le cinquième

Tes yeux ont quelque chose de magique

Un éclat divin

Tes yeux sont de la couleur du soleil

Si le sol s'effondre

Si le soleil s'éteint

Et si les océans avec toutes leurs écailles s'assèchent

Je sais comment reconstruire le monde entier

Je trouverai les clés dans tes yeux

Je découvre la vie dans tes yeux

Pour toujours

J'aurai la lumière de tes yeux pour éclairer le chemin de mon coeur

Je regarderai les étoiles et y verrai ton visage comme la plus belle vérité qui illumine mon cœur de son éclat.

Je t'aimerai comme la fleur la plus précieuse du jardin plantée dans mon âme

Je prendrai soin de vous comme du trésor le plus précieux qui jaillit des émotions données par Dieu.

J'écrirai un poème et ce poème sera toi

Ce verset sera toi et tout mon monde

Pour toujours

Je te porterai dans mes bras pendant que Dieu me donne la force

et pour toujours

Je t'aimerai

le sixième

je suis assis près de la fenêtre

J'admire l'automne et sa magie

Comme un peintre, mère nature a peint les feuilles
de la couleur de l'amour

Le vent chante sa mélodie et je pense à toi

A ces moments agréables que j'ai passés avec toi

Si tu m'aimes toujours, ouvre les voiles

Nous chercherons le nouveau ciel

Où l'amour est possible

si tu m'aimes

Verse tes larmes et arrose tous les déserts

Nous planterons une nouvelle graine pour que
l'amour s'épanouisse

si tu m'aimes encore

Rallumez nos étoiles errantes

Nous marcherons sous leur lumière comme avant

Où un "je t'aime" secoue le monde entier.

le sixième

Une légère brise caresse doucement mon visage

Il me réveille d'un doux sommeil

La belle vue de ton visage

Il m'emmène dans un beau voyage

Tes yeux séduisants

Efface le brouillard dans mes yeux

sourire enchanté

Il me transporte dans la magie des rêves

Tu étais comme une fleur qui m'a noyé de ta tendresse

Après un long sommeil au pays des nuits sans fin

Où règne la glace

La chaleur a fait fondre cette coquille de glace

La coquille qui a emprisonné mes sens

tu m'as réveillé

Je suis surpris sous la gloire de ton sourire comme une fleur

Merci de m'accueillir au doux pays des merveilles

Pour m'avoir donné ton coeur.

l'Iran

J'ai été noyé dans les rayons dorés du soleil et j'ai traversé des milliers de mers

Pour atteindre l'amour

Parfois j'étais perdu, mais j'ai senti le pouvoir de ton amour

Et il m'attire toujours vers toi

Je me suis arrêté et j'ai vu le ciel vide au-dessus de moi

Les stars sont fidèles complices de mes sentiments

Éclaire mes pas

Puis une brise fraîche a commencé à souffler

J'ai senti ta douce voix et ton divin parfum en elle

Je t'ai vu dans une mer de fleurs rouges

Dans un bourgeon en fleurs

Au soleil

Dans un vent parfumé

Et puis soudain mon cœur a bondi

Un ange apparaissait

C'est une déesse divine

Il avait allumé une lumière pour moi

Sa voix a rempli mes oreilles vides

Ses yeux magiques ont brûlé mon coeur

Les flammes qui brûlaient mon cœur se sont
maintenant transformées en pétales caressants

J'ai pris mon coeur et je le lui ai donné

Et il le portait au doigt.

Huitième

Ton âme avait la blancheur des gros lys à l'époque

L'amour était encore un mystère pour toi

Au moment où la lune de l'austérité perçait le ciel

Je vous ai vu

Je t'aimais mais je ne pouvais pas te le dire

Tu as cousu les yeux de ta jeunesse sur mes yeux

Un éclat de clarté pure et romantique

Tu as laissé échapper une confession tremblante
dans un soupir fiévreux, la laissant errer jusqu'à tes
lèvres où je l'ai recueillie dans le premier baiser.

neuvième

Tu as fait une place avec la force de tes bras

Où je viens te chercher refuge quand la vie m'ennuie

avec le pouvoir de vos mains

Tu as tracé un chemin

Ça me ramène à toi quand je suis confus

Le pouvoir de tes yeux rend bleu le ciel de ma vie

Quand ma vie devient grise et mes yeux sont pleins de pluie

Tu éclaires l'avenir avec ton sourire

Tu me noies de bonheur avec la force de ton coeur

Je n'ai plus peur de rien à cause de ton amour

Tu illumines mes nuits et peins un paradis où je veux passer ma vie.

Onzième

Elle était belle la nuit

Au clair de lune

Des rubans dansaient dans ses cheveux et le vent riait à côté d'elle

Sur ses sentiers étoilés, il a brillé de mille feux

Nous étions seuls pendant un moment

dans un doux matin

Sa voix vague s'endormit dans le crépuscule d'un matin d'automne

Je lui ai dit que je voulais l'embrasser

Calmer les yeux

et m'a offert ses joues

Je lui ai dit qu'on sortait ensemble

Et des larmes ont coulé de ses beaux yeux

Et le parfum des fleurs de jasmin flotte encore dans l'air.

le dixième

J'ai fait un rêve étrange il y a quelque temps

Je marchais la nuit quand soudain une grande lumière est apparue

Je ne sais pas qui était dedans

Je viens de le voir et c'était le plus beau des secrets

Mais quand je t'ai vu

Je savais qu'un ange me parlait

La première fois que je t'ai vu, mon cœur a été ému

Mon cœur s'est arrêté quand j'ai vu tes yeux

Quand je t'ai vu pour la première fois j'étais perdu

Perdu dans l'océan de profond clair de lune que j'ai vu dans tes yeux

Quand je t'ai vu pour la première fois j'étais perdu

J'étais perdu dans la fleur rose pâle qui reposait sur ta joue

le grand jour est arrivé

Dans un bel automne

Le moment magique dont j'ai rêvé

Il était temps pour l'amour

Le début d'une légende

Depuis ce beau jour mon cœur vit au pays des rêves

Après une vie de difficultés et de désespoir, un jour j'ai dépassé ton sourire

Tu es entré dans mon cœur et tu m'as libéré avec de la magie

Tu as fait ressortir le meilleur de moi et effacé le pire

Le premier sourire inoubliable

Le premier baiser doux et doux

Et le souvenir de l'amour reste dans mon coeur

de ta caresse .

Onzième

Si tu veux mieux te connaître, regarde dans les coins de mon cœur

Regardez-le et lisez toutes ses pages

Sache que c'est ici que tu vis

S'il fait beau après la pluie, vous voulez danser sous le soleil éclatant

Prends le temps et écoute mon cœur.

douzième

Prends ma main et oublie le monde

Je t'aimerai

Regarde dans mes yeux et vois le rêve de nous deux

Ensemble nous vaincrons et atteindrons le ciel

Pas de froncement de sourcils et pas de larmes, juste des sourires et des rires

Laisse moi te couvrir de compliments

Tes yeux brillent comme des étoiles

Et ton sourire brille comme le soleil

Nous sommes dans notre première saison et notre histoire d'amour ne fait que commencer

Maintenant prends ma main et oublie le monde

Je t'aimerai comme je n'ai jamais aimé auparavant.

Tu m'aimes aussi

Aime-moi au printemps quand tout est vert et beau

aime moi en été quand le ciel est bleu

Aime-moi en automne quand les feuilles jaunissent

Aime-moi en hiver quand il neige

Aime-moi quand je suis heureux et même quand je suis triste

Aime-moi quand je suis belle ou quand j'ai l'air ordinaire

Aime-moi quand je me sens bien ou quand j'ai mal

Aime-moi toujours sous la pluie ou sous le soleil radieux.

le treizième

L'amour ne peut pas être décrit

Il n'a pas de forme

Il n'a pas de forme

L'amour n'est pas un objet

L'amour ne correspond pas

L'amour brûle comme une bougie

Parfois ça tremble mais ça ne meurt jamais

L'amour peut te vider

L'amour peut te rendre entier

L'amour peut te faire ou te briser

L'amour est dans ton âme, dans ton coeur, dans ton esprit

L'amour est universel, il couvre le monde, peu importe où vous êtes, l'amour a un langage

Si l'amour c'est la vie

Et si la vie est d'une seule couleur

Et si cette couleur a un nom

L'amour a ton nom

quand je te vois

Le ciel est peint d'immortalité

Et ses nuages cotonneux dessinent nos préliminaires enchevêtrés

quand j'entends ta voix

Le monde est coloré par la durabilité

Et quand je te dis je t'aime

Mon amour est peint avec des couleurs infinies.

le quatorzième

Le plus bel endroit reste à découvrir

La plus belle fleur n'a pas encore poussé

Nos plus beaux jours

Nous n'avons pas encore vécu

Et le plus beau mot que je veux te dire est celui-ci

C'est un mot que je n'ai pas encore dit

J'écris ces phrases pour lui dire mes sentiments

Je veux lui dire que je l'aime

Je veux lui expliquer qu'il naît toujours dans mes pensées

je lui ai déjà tout dit

Mais surtout, je lui ai dit que je l'aimais

Cependant, je ne pouvais pas avant ce soir

Parce que je n'ai pas écrit ce texte.

quinzième

L'amour est comme une fleur

Nous le nourrissons doucement

L'amour est comme un enfant

Il a toujours besoin d'attention

L'amour est une vie

Sacrifice

se soutenir et se comprendre

L'amour est la plus belle des folies

C'est la vraie raison

L'amour est tout sur terre

La mer avec ses murmures

Les étoiles avec leur éclat

Les planètes avec leur harmonie

l'amour c'est toi

Je suis

Parce que je t'aime, oui, je t'aime.

le seizième

Je t'écrirai un nouveau poème ce soir

Pour toi, mon doux amour, la déesse de mes nuits

Je sens la lave monter en moi

Comme une feuille morte soulevée par le vent, nos souvenirs nous suivent sans relâche

j'ai vu tes beaux yeux

Mon cœur brûle de joie et d'émotion

J'oublie le monde de la pudeur et du temps

Je te murmure que tu es la légende qui a fait fondre mon bon cœur

J'aime le plaisir de tes baisers

J'écoute ta voix excitée et agréable

Tu m'étreins .... je gémis ..... je tremble

Je suis sur le point d'entrer au paradis

Nos deux corps fusionnent et ne font plus qu'un

Je suis à toi et pour toujours tu es à moi

Le summum du plaisir, de la paix et du bonheur

Notre amour a conquis toutes les frontières et toutes les lois.

dix-septième

Je te veux, mon bonheur, ma beauté surnaturelle

Tu es un soleil dans l'obscurité du mauvais temps, tu es la rosée d'un cœur brûlant

Inspiré par l'amour pour toi, je me jetterai dans la bataille avec le destin

Comme un arbre brûlé par la foudre, je m'incline devant toi

Je paierai le doux plaisir de l'amour de ma vie !

Au moins au prix d'un crime, je te veux !

Je t'aime avec inquiétude et désir

Je t'aime et te souhaite

pardonne et aime moi

Je vis seul avec toi dans mon agonie passionnée

Je ruine mon âme à ton caprice

Prends tout, pour ton beau look

Tu es une mer de rêves et de sons et de lumières étranges

Tu es le soleil de mes jours

Mon étoile brillante dans le ciel sombre

Le sang qui alimente mes veines

Un ange qui me regarde de son coeur

Tu es la raison de mon bonheur

Tu es l'arc-en-ciel qui a coloré ma vie

La douceur de mes jours et de mes nuits, tu es la seule raison de mon bonheur.

le dix-huitième

Le meilleur moment d'amour n'est pas quand tu dis je t'aime

Il était silencieux

Silence fragile

Il était dans l'excitation du bras

Où les mains tremblent

Une montre unique qui ferme la bouche

Où les coeurs s'ouvrent

Où le seul parfum des cheveux me rend fou

Où il est à côté de moi et sa main serre la mienne

Où sa bouche est ornée du plus beau sourire

Où sa tête tomba doucement sur ma poitrine

j'ai respiré son souffle

Bientôt nos baisers fusionneront

Ils sont aussi purs que notre amour.

XIXe

je leur ai dit je t'aime

Comment ne pas dire je t'aime ?

Je te redis je t'aime

Je t'aimais hier et je t'aimerai demain

je leur ai dit je t'aime

Je suis venu te dire que je t'aime

Je t'aime c'est le moment de dire je t'aime

Je t'aime, je t'aime aussi longtemps que je me souvienne

Oh je t'aime

dis moi que tu m'aimes

Avec un sourire qui me laisse sans voix

Emmène-moi dans tes rêves illégaux

Je me suis permis d'une voix calme

Dire : Je t'aime

Il appuie avec un grand sourire

Je t'aime aussi : au printemps, en été, en hiver et en automne.

Reference

1-Cet amour fou de Naeem Ahmadinejad Farsangi

2-Pourquoi ai-je gardé le silence ce jour-là par Naeem Ahmadinejad Farsangi

3-Silence amer de Naeem Ahmadinejad Farsangi

4-Le ciel est gris ici par Naeem Ahmadinejad Farsangi

5-La passion de l'amour de Naeem Ahmadinejad Farsangi

Printed by Books on Demand GmbH, Norderstedt / Germany